NATIONAL GEOGRAPHIC KiDS

기발하고 괴상하고 웃긴 과학 사전!
동물

300가지
동물 정보와 튀어나올 듯
생생한 사진이 쏙쏙!

비룡소

헉헉헉, 사냥에 성공한 치타는 30분 동안 숨을 고르고 나서야 비로소 먹이를 먹을 수 있어.

내가 누구게?

보르네오섬에 사는 **암여치**는 **분홍색 나뭇잎**처럼 생겼어.

토끼풀거미는 자기가 짠 거미줄을 먹어. 새로운 거미줄을 만들 때 필요한 단백질을 얻기 위해서야.

브라질에 사는 반려견 수는 캐나다에 사는 사람 수보다 많아.

'깔따구'라는 곤충은 1분에 62,000번 넘게 날갯짓을 해.

마음에서 우러나오는 것이 아니라 거짓으로 흘리는 눈물을 '악어의 눈물'이라고 해. 이걸 의미하는 말은 전 세계에서 50가지가 넘어.

이것 봐! 작은눈피그미상어는 다 커도

나도 상어야!

손바닥에 쏙 들어가.

믿기 어렵겠지만, 금붕어는 **2리터 생수병만큼 커질 수 있어.**

멸종 위기에 처한 **검은코뿔소**는 뿔이 **1.5미터** 까지 자라. 웬만한 아이들 **키보다 큰 거야.**

벌꿀오소리는 힘센 **턱**과 날카로운 **이빨**을 가졌어. 그래서 거북의 등껍질도 우두둑 부술 수 있지.

벌꿀오소리의 피부는 매우 두꺼워서 벌침이나 고슴도치 가시로 **찔러도 끄떡없어.**

네덜란드에서는 경찰 훈련을 받은 독수리가 드론을 단속한대. 그러니까 함부로 드론을 날리면 큰일 나겠지?

쉬익, 브라질에 사는 살무사 독으로 고혈압 치료약을 만들어.

햄스터는 20가지가 넘는 품종이 있어.

과학자들의 조사에 따르면, 무서운 육식 공룡 티라노사우루스 렉스는 시속 8킬로미터 속도로 달릴 수 있대.

캄캄한 동굴에서 사는 **동굴칼새**는 자기의 침을 퉤퉤 뱉어서 **둥지를 만들어.**

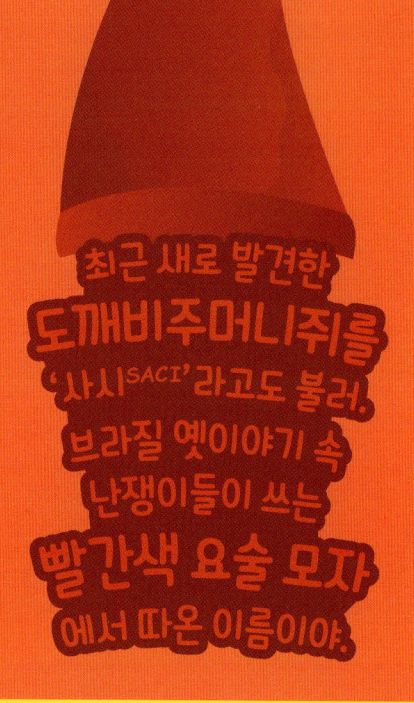

최근 새로 발견한 **도깨비주머니쥐**를 '사시SACI'라고도 불러. 브라질 옛이야기 속 난쟁이들이 쓰는 **빨간색 요술 모자**에서 따온 이름이야.

날렵하고 충성심이 강한 사냥개 **살루키**는 약 4000년 전 이집트 무덤에도 그려져 있어.

물총고기에게 사람의 얼굴을 구분하도록 **훈련시켰더니,** 정말로 물고기가 **사람의 얼굴**을 구분했어.

베트남이끼개구리의 **올챙이**는 가끔씩 **물방울**을 타고 편하게 이동해.

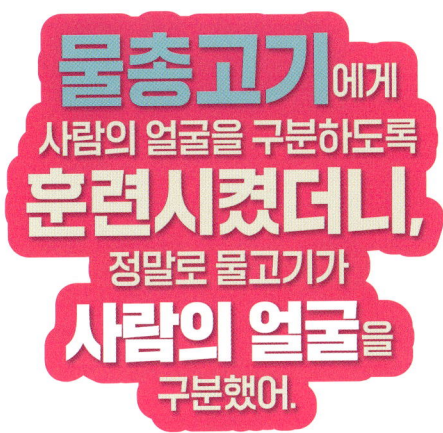

남아메리카에 사는 **포투**는 눈꺼풀에 가늘고 긴 틈새가 있어. 그래서 눈을 감고도 주변의 움직임을 알아차리지.

백상아리의 간은 몸무게의 **4분의 1**을 차지할 만큼 무거워.

음, 간이 이 정도는 되어야지.

사막에서 사는 **아메리카독도마뱀**은 **방광**에 물을 저장해.

1980년 5월, 미국의 세인트헬렌스산에서 화산이 폭발했어. 폐허가 된 산에 가장 먼저 돌아온 동물은 무엇일까? **바로 딱정벌레와 거미들이야.**

달팽이들은 다른 달팽이가 지나간 길을 그대로 따라가기도 해. **미끈미끈**해서 힘을 아낄 수 있거든.

겁이 많은 **엘프 올빼미**는 위협을 느끼면 꼴까닥 죽은 척을 해.

오스트레일리아 미들섬에 사는 **양치기 개**에게는 특별한 임무가 있어. 바로 세계에서 가장 작은 펭귄인 **쇠푸른펭귄**을 여우로부터 지키는 일이지.

북극곰의 발은 뷔페 접시만큼 커. 와우!

영국에서는 결혼식날 웨딩드레스에 붙은 거미를 보면 행운이 찾아올 거라고 믿었어.

세계에서 **가장 빠른 불가사리**는 1분에 무려 **3미터**를 갈 수 있대.

거미불가사리의 껍질에는 특수한 렌즈가 있어. 그래서 **껍질**로 주변을 볼 수 있지.

닭은 의사소통을 위해 적어도

24가지 소리를 낼 수 있어.

천산갑은 위협을 느끼면 몸을 공처럼 말아. 그러면 사자 이빨도 갑옷처럼 단단한 껍질을 뚫지 못하지.

낮 도마뱀이라는 별명을 가진 공룡 **테리지노사우루스**는 발톱이 **스케이트보드**만 해. 아마 그 발톱으로 식물을 휙 잡아 뜯어 먹었겠지?

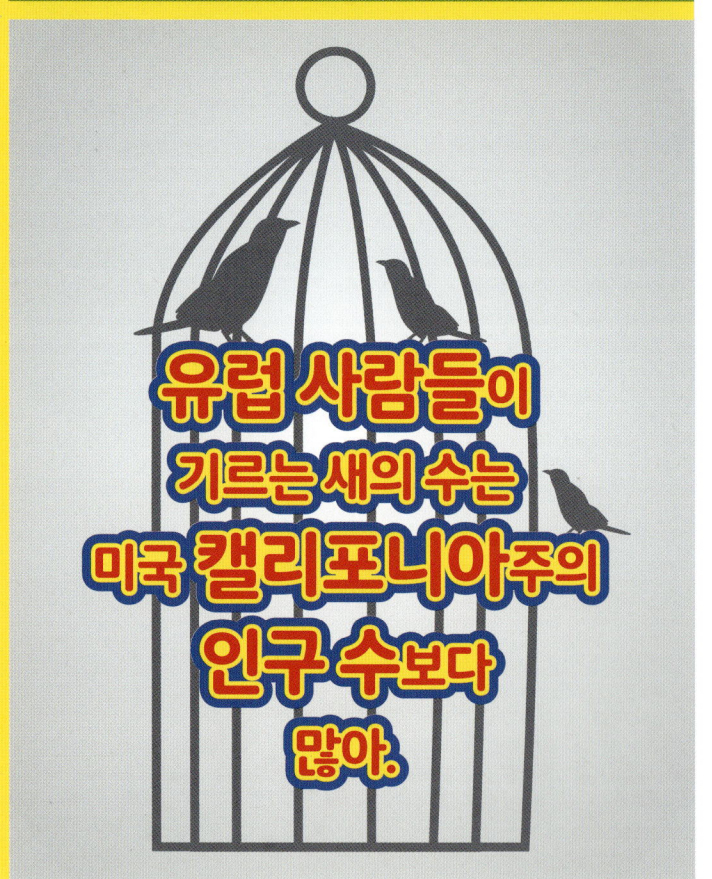

유럽 사람들이 기르는 새의 수는 미국 캘리포니아주의 인구 수보다 많아.

나무늘보는 종종 **눈**을 **한쪽씩** 번갈아 가면서 **천천히 깜빡여.**

하와이짧은꼬리오징어는 자기 몸에 붙어서 사는 박테리아 때문에 **파란 빛**을 띠어.

친칠라는 털의 뿌리를 감싸는 모낭 한 개에서 자그마치 털이 **50개 이상** 나.

이게 내 털 유지 비결이야.

래브라도리트리버

꼬리는 끝으로 갈수록 **점점** 가늘어져.
그 꼬리로 방향을 조종할 수 있어서 헤엄을 잘 친단다.

미국 텍사스의 한 동굴에서는 약 **2000만** 마리의 **똥박쥐**가 살아.
이건 칠레 인구 수보다 더 많은 거야.

어떤 **원숭이**들은 코코넛 껍질의 섬유질, 나뭇가지, 머리카락 같은 걸 **치실**로 써.

섬유질: 식물이나 해조류를 이루는 실처럼 가늘고 긴 물질.

바다거북은 **독성이** 강하기로 유명한 **상자해파리**를 잡아먹어.

일본에서는 말이야, 거북이 기차에 깔리지 않고 무사히 기찻길을 건너도록 만든 터널이 있어.

전갈은 자외선을 쬐면 캄캄한 밤에도 몸이 밝게 빛나.

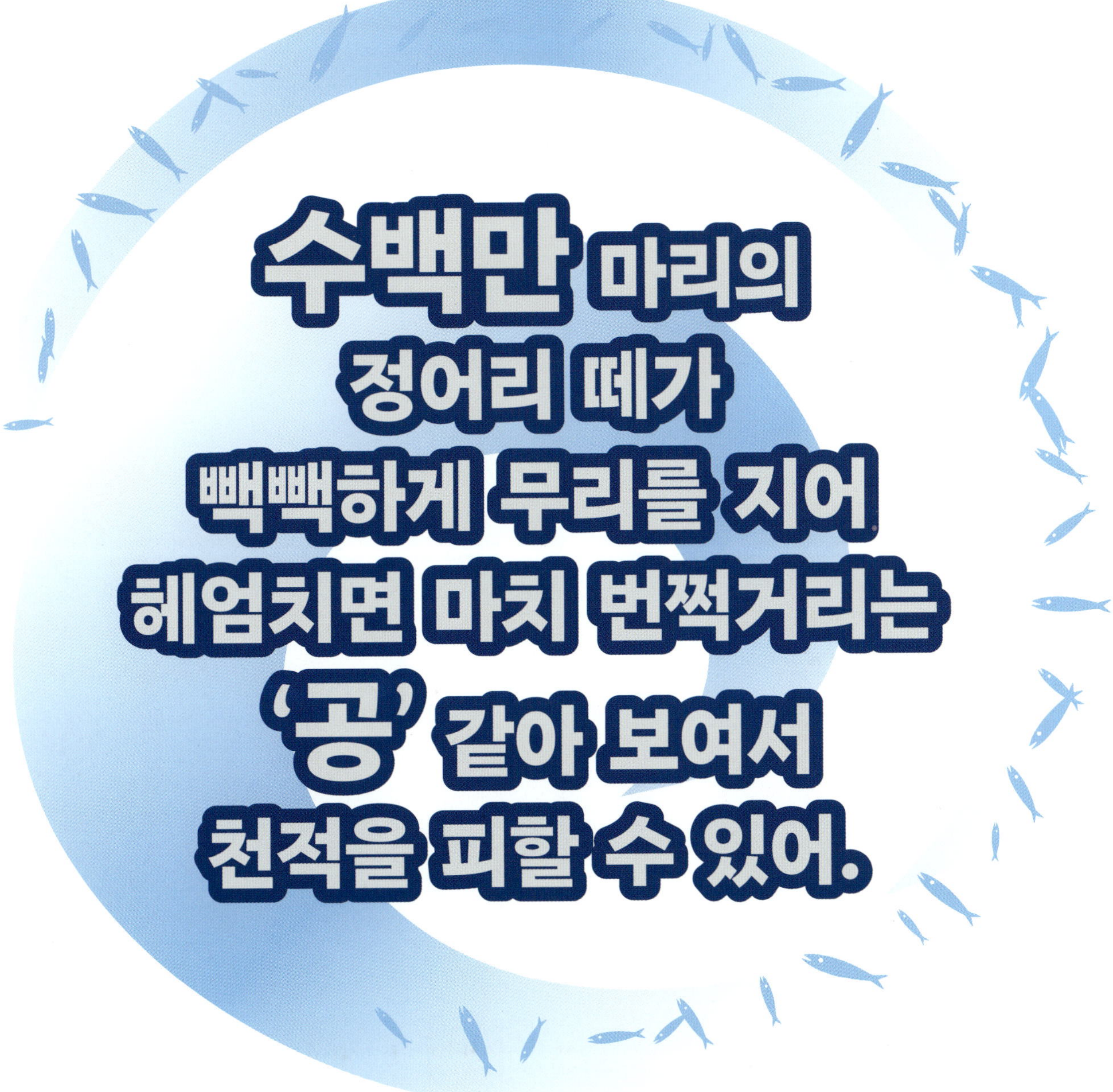

수백만 마리의 정어리 떼가 빽빽하게 무리를 지어 헤엄치면 마치 번쩍거리는 '공' 같아 보여서 천적을 피할 수 있어.

우리나라에서는 무슨 일을 재치 있게 잘할 때 '고양이 달걀 굴리듯'이라는 속담을 써.

우리나라에서는 **로키산맥**에 사는 어느 **산양**의 삶 이야기가 책으로 출간되었어.

남부메뚜기쥐는 뒷다리로 서서 늑대처럼 **소리를 지르며** 영역 표시를 해.

남부메뚜기쥐: 멕시코와 미국 남부 지역에서 사는 쥐의 한 종류.

알에서 깨어난 **피파개구리**는 어미 개구리 등에 나 있는 **구멍을** 뚫고 세상에 나와.

오랑우탄은 비가 오면 **나뭇잎**으로 **우산**을 만들어 쓰기도 해. 참 지혜롭지?

까마귀는 **자기들끼리** 서로 **장난을 잘 쳐.**

37

페루 열대 우림에 사는 어떤 애벌레는
평소에 잎사귀처럼 위장해서 숨었다가
낯선 소리가 들리면
등에서 네 개의 촉수를 밀어내서 자기를 보호해.

사마귀게거미는 새똥을 닮은 데다가 새똥 냄새도 나. 그래서 벌레를 유인할 수 있지.

넙치는 자라면서 한쪽에 있던 눈이 다른 쪽으로 옮아가.

여기 좀 봐! 아기 낙타의 등에는 혹이 없어.

펭귄은 하늘을 못 날아.
계단을 낮게 점프 수도 없어.
날개를 못 접는 새는 우리
펭귄뿐.

불나방 중에 한 종류는 **딸깍딸깍** 소리를 내서 박쥐의 음파 탐지를 방해해.

덴마크 북부 해안에서 나온 **거대 굴**은 웬만한 어른의 신발보다 컸대. 자그마치 **36** 센티미터나 되었다지 뭐야.

브라질에 서식하는 **자유꼬리박쥐**는 고속도로에서 쌩쌩 달리는 자동차보다 더 빨리 날 수 있어.

잠깐!
느리고 귀엽다고 **늘보원숭이**를 함부로 만지면 큰일 나. 팔꿈치 안쪽에 **독**이 있거든.

오줌으로 말을 한다고?
어떤 종류의 물고기들은
자기가 눈 오줌으로
다른 물고기들과
이야기를 나눈다고 밝혀졌어.

코끼리가 쓸 수 있는 의족이 있대.

코끼리들은 뜨거운 햇볕으로부터 피부를 보호하려고 일부러 먼지나 진흙 속에서 뒹굴기도 해.

가시두더지 새끼는
영화 「신비한 동물 사전」에 나오는
니플러와 닮았어.

달팽이의 눈은 잘려도 다시 자랄 수 있어.

플라밍고 알은 노른자가 피처럼 붉은색이야.

일본의 어느 공학자는 오랜 기간 **올빼미의 비행**을 연구했어. 그 원리를 응용한 **신칸센 초고속 열차**는 **시속 300킬로미터** 이상 빠르게 달려도 조용해.

오스트레일리아에는 사람보다

캥거루가 더 많이 살아.

4만 년 전에 오스트레일리아에서 살았던 **캥거루**는 키가 **2미터**나 되었어. 또 지금처럼 **뛰지 못했지.**

북아메리카에서 볼 수 있는 어느 **지빠귀** 종은 무려 **1000곡** 넘게 다른 소리로 노래할 수 있어.

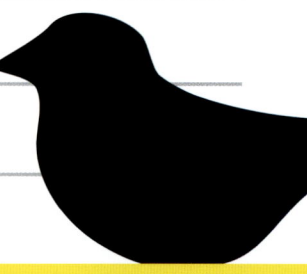

북극곰의 피부 속 **피부는 검은색이야.**

잠자리 머리의 대부분은 불룩 튀어나온 눈이야.

파란갯민숭달팽이는 독성이 있는 고깔해파리를 잡아먹어서 **독을 저장했다가** 천적의 위협을 받으면 내뿜는단다.

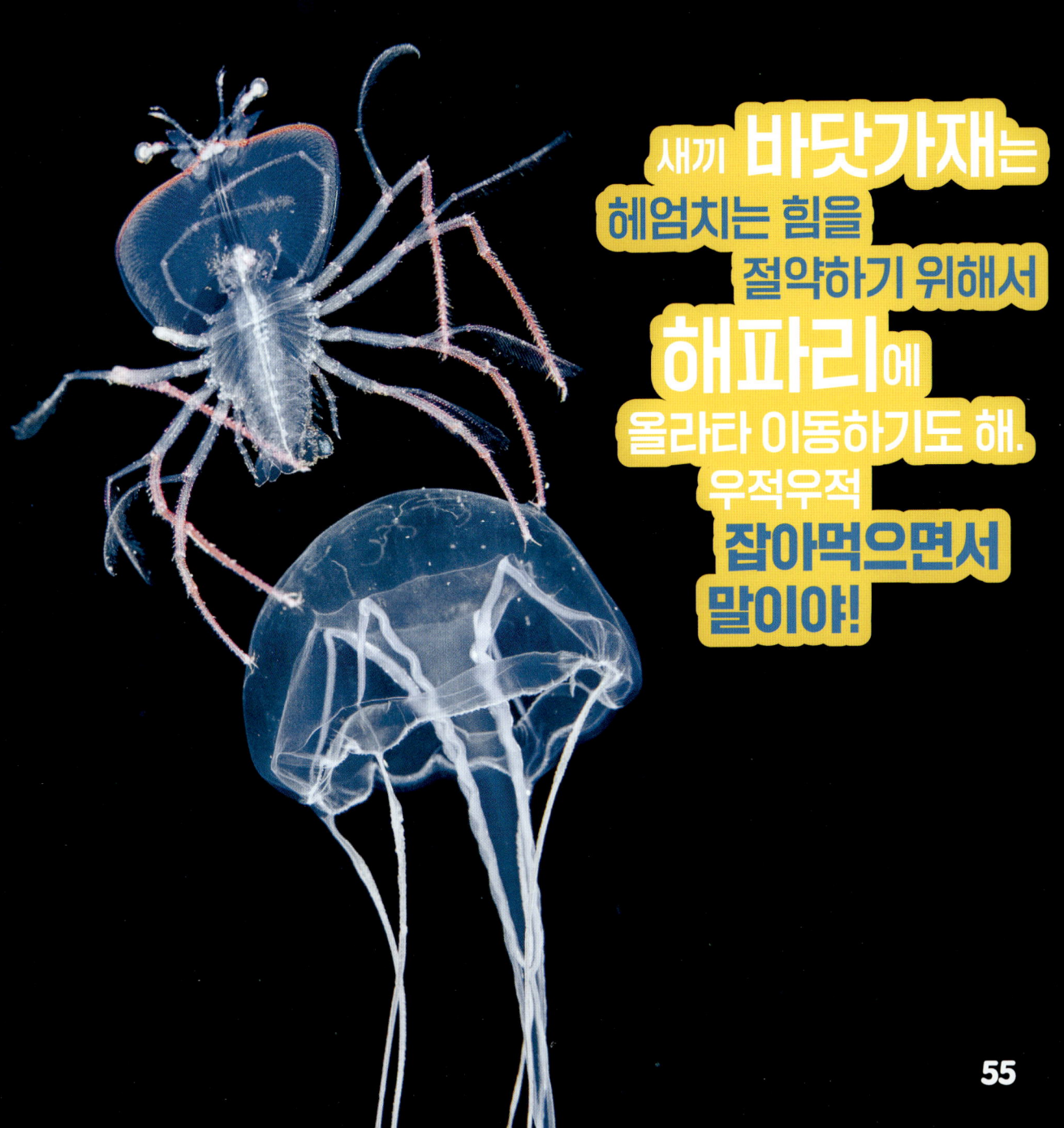

새끼 **바닷가재**는 헤엄치는 힘을 절약하기 위해서 **해파리**에 올라타 이동하기도 해. 우적우적 **잡아먹으면서** 말이야!

2억 4500만 년 전에 살던 어떤 해양 파충류는 머리 모양이 진공청소기 흡입구처럼 생겨서 바다 밑에 깔린 먹잇감을 빨아 먹었어.

하마는 잠을 잘 때 물 밖으로 고개를 까딱까딱해. **코로 숨**을 쉬어야 하거든.

사진 속 동물은 **초코칩불가사리**야.

몸을 보호하기 위해 온몸에 초콜릿처럼 생긴 갈색 뿔이 달려 있어서 붙은 이름이란다.

오리너구리의 부리는 특별해. 주변에서 흐르는 전기를 느낄 수 있지.

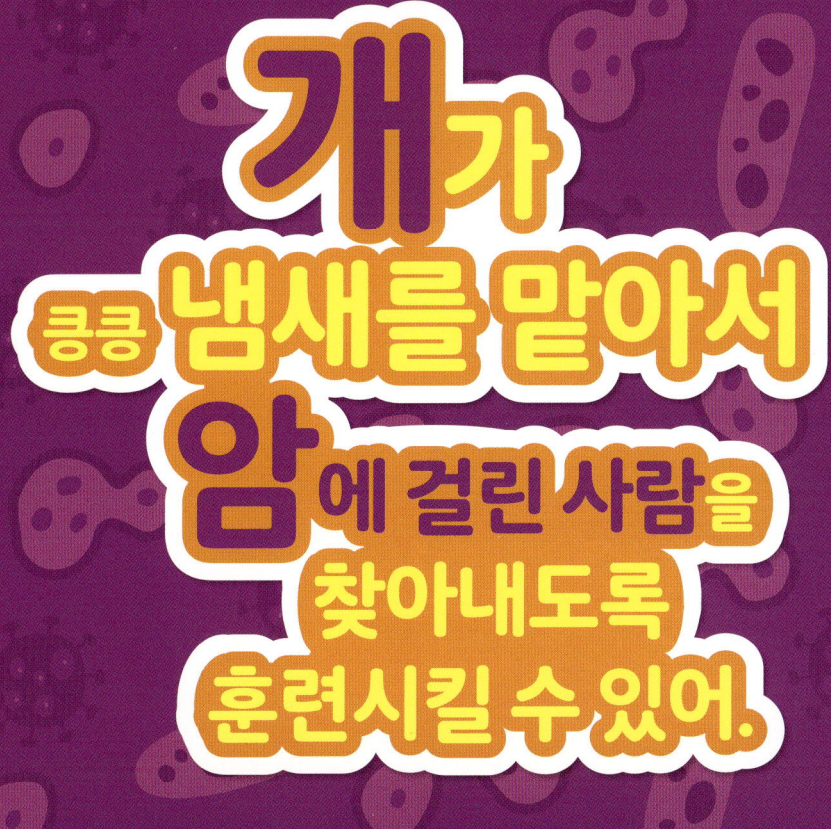

개가 킁킁 냄새를 맡아서 암에 걸린 사람을 찾아내도록 훈련시킬 수 있어.

호랑꼬리리머의 꼬리에는 정확히 검은색과 흰색 고리가 **13개씩** 번갈아 나 있어.

론스타 진드기에 물린 사람들 중 일부는 **붉은 살코기**를 먹고 **알레르기**를 일으키기도 해.

벌거숭이두더지쥐는

남아메리카에 사는 **마타마타거북**은

먹이를 잡기 전에 입 안을 텅텅 비워 둬.

왜냐고? 잡은 먹잇감을 통째로 삼키거든.

꿀꺽!

어떤 성게는 뜨거운 태양빛을 피하려고 해조류나 산호를 덮어써.

앞니를 따로따로 움직일 수 있어.

꼭 **젓가락**처럼 말이야!

쇼핑하는 동물을 상상해 본 적 있어? 미국에서 **비버** 한 마리가 **가게** 문으로 들어와 **크리스마스트리**를 물끄러미 바라보았다지 뭐야. 곧 야생 동물 구조대가 비버를 데려갔지.

빨간눈청개구리의 울음소리는 아기들의 **딸랑이** 소리랑 비슷해.

청자고둥의 **맹독**은 사람을 죽일 수 있을 정도로 강력해.

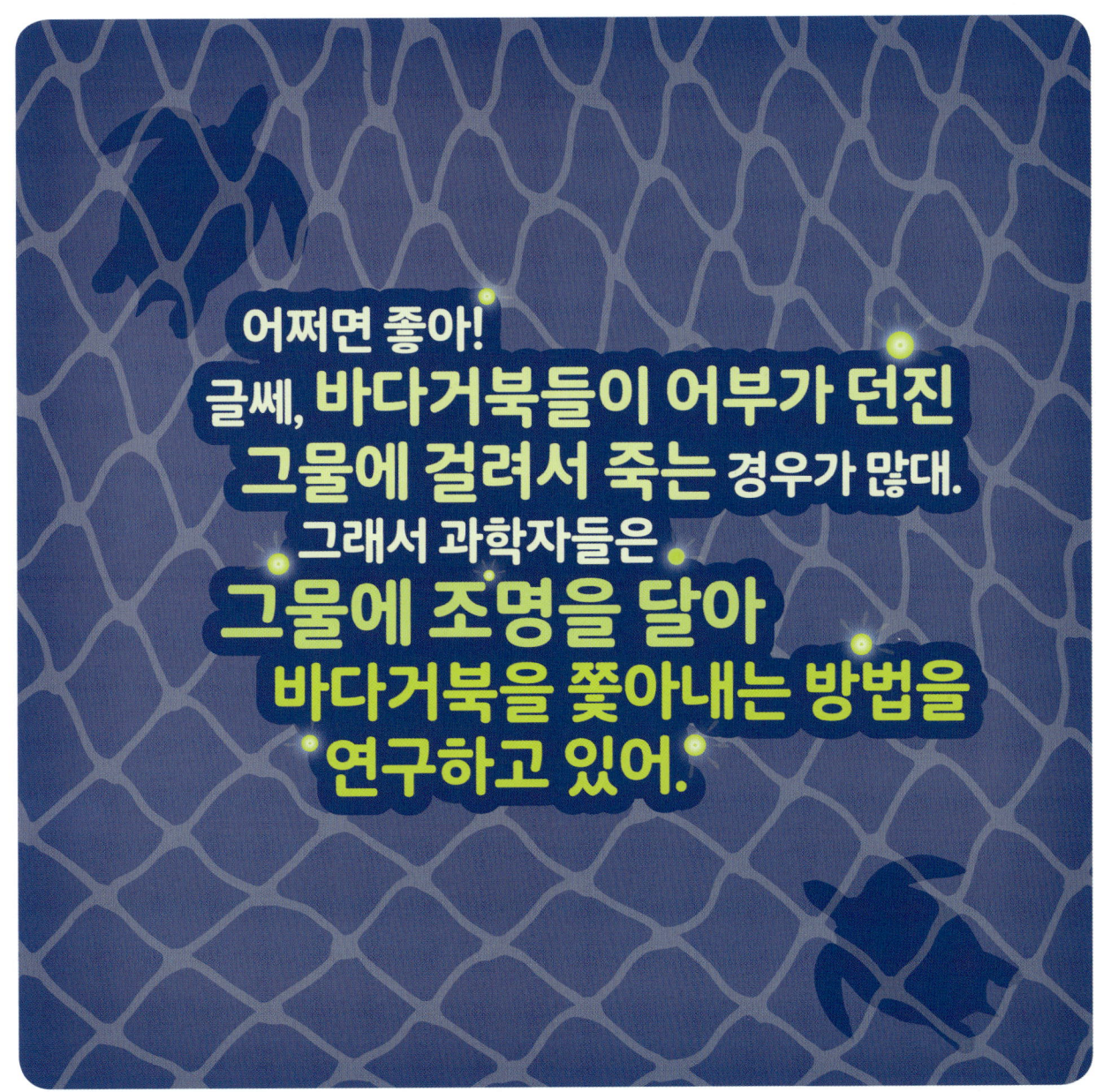

이게 뭐게? 포르투갈의 한 예술가는 **환경 오염**의 심각성을 알리려고 **쓰레기**로 동물을 닮은 예술 작품을 만들었어.

피그미뒤쥐의 심장은 다른 포유류보다 **1초에 20번 이상** 콩닥 콩닥 콩닥 콩닥 콩닥 콩닥 콩닥 콩닥 콩닥 콩닥 콩닥 콩닥 콩닥 콩닥 빠르게 뛰어.

끙끙 영차영차 **일부 수컷 쇠똥구리는** 자기 몸무게보다 **1000배** 무거운 것도 끌고 갈 수 있어.

새는 사람보다 색깔을 더 잘 구분해. 시신경 세포의 종류가 많거든.

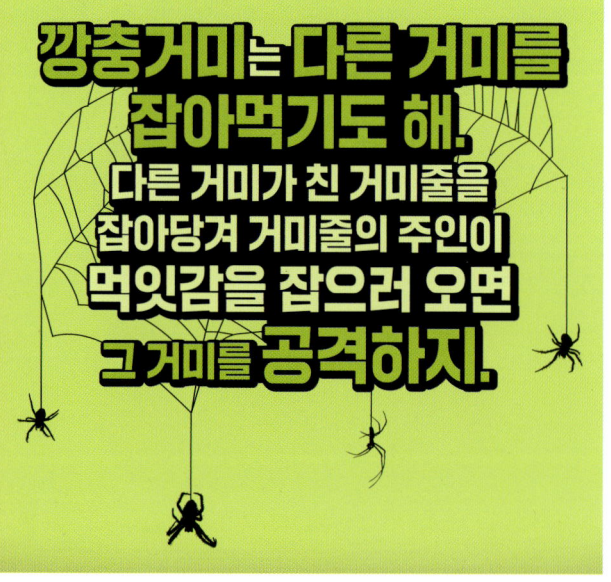

깡충거미는 다른 거미를 **잡아먹기도 해.** 다른 거미가 친 거미줄을 잡아당겨 거미줄의 주인이 먹잇감을 잡으러 오면 그 거미를 **공격하지.**

덥석!
물수리는 사냥한 물고기의 **머리를 앞으로 향하게** 잡아서 옮겨. 그러면 바람의 저항이 약해져 힘이 덜 든단다.

물수리의 수명은 20년 정도야. 사는 동안 **257,500킬로미터**를 날지.

피그미뒤쥐는 매시간 먹이를 먹지 않으면 **죽고 말 거야.**

어떤 **개구리의 침은 꿀보다 끈적끈적해.**

박쥐불가사리는 자기들끼리 팔씨름을 하기도 해.

다이커는 눈 밑에서 나오는 분비물로 자기 영역을 표시해. 아주 고약한 냄새가 나거든.

다이커: 주로 남아프리카 초원에 사는 포유류의 한 종류.

바다이구아나는 굶주리면 몸집이 작게 줄어들었다가 잘 먹으면 다시 최대 길이로 자라나.

바다대벌레는 투명해서 천적에게 들키지 않고 감쪽같이 잘 숨어.

육백만 년 전에는 중국에서 **대형 수달**이 살았대. 키가 2미터, 몸무게는 45킬로그램 이상이었을 거야.

오늘날 수달은 10킬로그램 이하이다.

문어 다리는 싹둑싹둑 잘려 나가도 움직일 수 있대. 정말 신기하지?

중앙아시아 아랍에미리트

- 이름: 매
- 분류: 사나운 새
- 성별: 남성
- 생년월일: 1981년 1월 1일
- 발급일: 2000년 3월 30일
- 유효 기간: 2000년 3월 20일

아랍에미리트는 나라를 대표하는 새인 **매**에게 **여권**을 발급해 줘.

아랍에미리트의 어느 병원에서는 매만 치료해.

어느 과학자는 **벽에 찰싹 달라붙는 도마뱀붙이의 발**을 연구하여 **초강력 테이프**를 개발했어.

회색바다표범은 물 바깥에서보다 물속에서 더 잘 봐.

오스트레일리아에 사는 **불독개미**는 턱 힘이 아주 세. **턱**으로 먹잇감을 꽉 물고 독침을 여러 번 찌르지.

어떤 호박벌에게는 줄로 먹잇감을 끌어당기도록 가르칠 수 있어.

**분홍돌고래는 흥분하거나 놀랐을 때
마치 사람처럼 얼굴이 빨개져. 알나리깔나리!**

어떤 동물은 사람처럼 도구를 쓰기도 해. 코뿔바다오리는 가려울 때 막대기로 가슴과 등을 긁을 수 있어.

우쿨렐레는 연주할 때 손가락이 바삐 움직여서 **'점프하는 벼룩'**이라고도 해. 하와이어로 벼룩을 뜻하는 '우쿠(UKU)'와 **튀다**라는 뜻의 '렐레(LELE)'가 합쳐진 말이거든.

우쿨렐레: 기타 모양의 작은 현악기.

자외선을 쬐면 **형광청록색**으로 변하는 **개구리** 품종이 새롭게 발견되었어.

2017년, 오스트레일리아에서 세계 최대 크기의 **용각류 발자국**을 발견했어. 그 길이가 무려 **1.7미터**였지.

용각류: 브라키오사우루스, 디플로도쿠스 같은 몸집이 크고 목이 긴 초식 공룡 무리.

물에 둥둥 뜬 달걀인가? 아니! **어떤 해파리**는 꼭 **달걀프라이**처럼 생겼어.

표문쥐치는 영어로 **유니콘피시**라고도 해. 이마에 **긴 뿔이 삐죽 나 있어서** 붙여진 이름이야.

세계에서 가장 긴 **곤충**인 대벌레는 세계에서 가장 작은 **새**인 벌새보다 여섯 배나 더 길어.

대왕고래는 한입에 **500,000칼로리**의 **먹잇감**을 삼켜. **치즈버거 1000개**에 해당하는 양이야!

칼로리: 식품의 영양가를 에너지로 나타낸 단위.

돼지는 조이스틱으로 하는 쉬운 비디오 게임 조작법을 배울 수 있대.

조이스틱: 컴퓨터나 게임기 화면의 점을 원하는 방향으로 옮기는 지팡이 모양의 입력 장치.

미국 테네시주에 있는 피보디 호텔 **옥상**에는 **오리**들이 살고 있어.
와, **2억 2천만 원짜리** 집에 사는 오리라니!

쥐는 15,000년 전부터 인간과 함께 살기 시작했어.

사막거북은 땅에 구멍을 파서 빗물을 모아. 빗물을 마시면 일 년도 버틸 수 있지.

너희 전기뱀장어가 뒤로 헤엄칠 수 있다는 사실 알아? 지느러미가 머리부터 꼬리까지 이어져 있어서 뒤로도 갈 수 있대.

한참 동안 털을 깎지 않은
오스트레일리아 양 한 마리에서

30
벌의 스웨터를 만들 수 있는 양모가 나왔대.

독일에서는 정기적으로 **공항 근처에 사는 벌의 꿀을 모아** 대기 오염 물질을 확인해.

높은 곳에 사는 **아틀라스 낮도마뱀붙이**는 체온을 유지하기 위해 서로서로 끌어안고 지내.

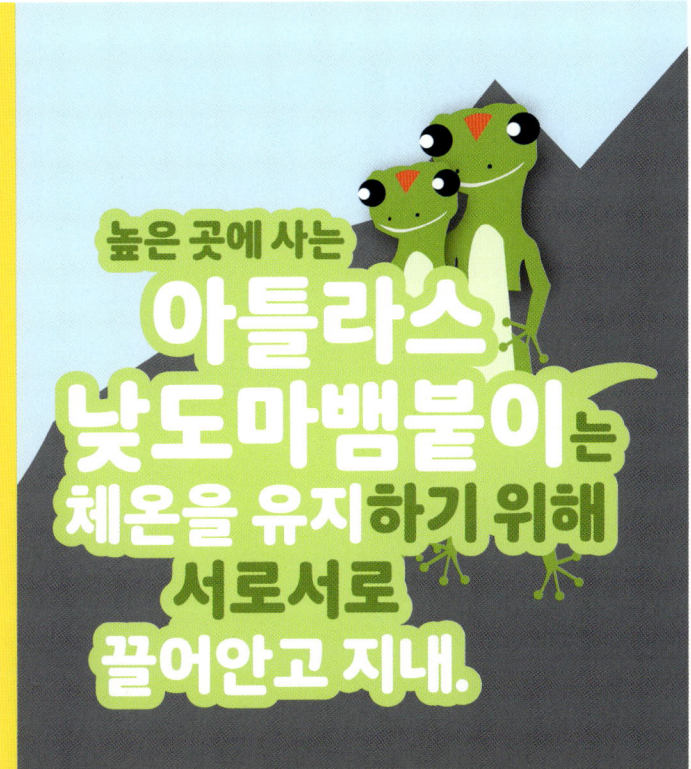

가물치는 몸을 축축하게 적셔 주면 물 밖에서도 나흘 동안이나 살 수 있어.

하이에나는 이미 150만 년 전에도 유라시아 대륙에서 살고 있었어.

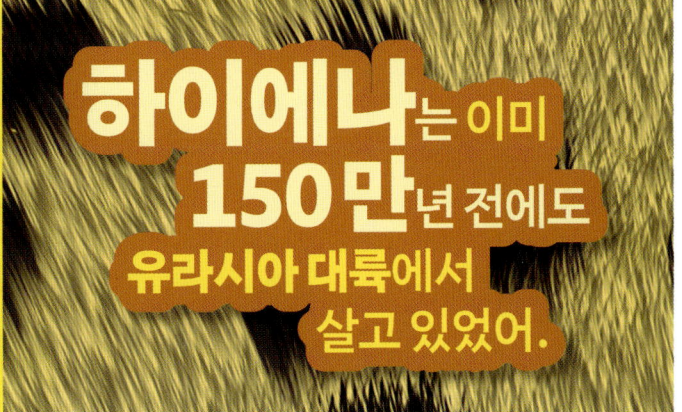

으악! 정원에 있는 흙 한 줌에는 수천 마리의 회충이 있을 수도 있어.

회충: 기생충 중 하나로, 사람 몸에서 소장에 살면서 영양분을 빨아 먹는다.

주로 사막에서 사는 **도르카스 가젤은** 오줌을 누지 않아.

샴고양이는 태국 왕실에서 영국과 미국에 선물로 보낼 만큼 매력이 넘쳐.

개도 사람처럼 독감에 걸려. 그래서 과학자들은 **개를 위한 독감 백신을 개발했어.**

주사?

미국까마귀는 **5년 혹은 그 이상** 자랄 때까지 부모와 함께 살아.

눈을 감고 상상해 봐! **진드기**가 점점 커져서 **사람**만 해진다면 시속 **2092킬로미터**로 움직일 거야.

개미는 수영을 할 수 없다고? 예외도 있어. **남아메리카**에 사는 **어떤 개미**가 사람만큼 커진다면 올림픽 수영 선수보다 **세 배 정도 더 빨리** 헤엄칠 수 있어.

큰개미핥기는 후각이 사람보다 40배 정도 발달했어.

큰개미핥기는 혀의 길이가 자그마치 60센티미터가 넘어. 볼래? 메롱!

습지토끼는 물속에서
어푸어푸 수영을 할 수 있어.
풍덩! 잠수도 할 수 있지.

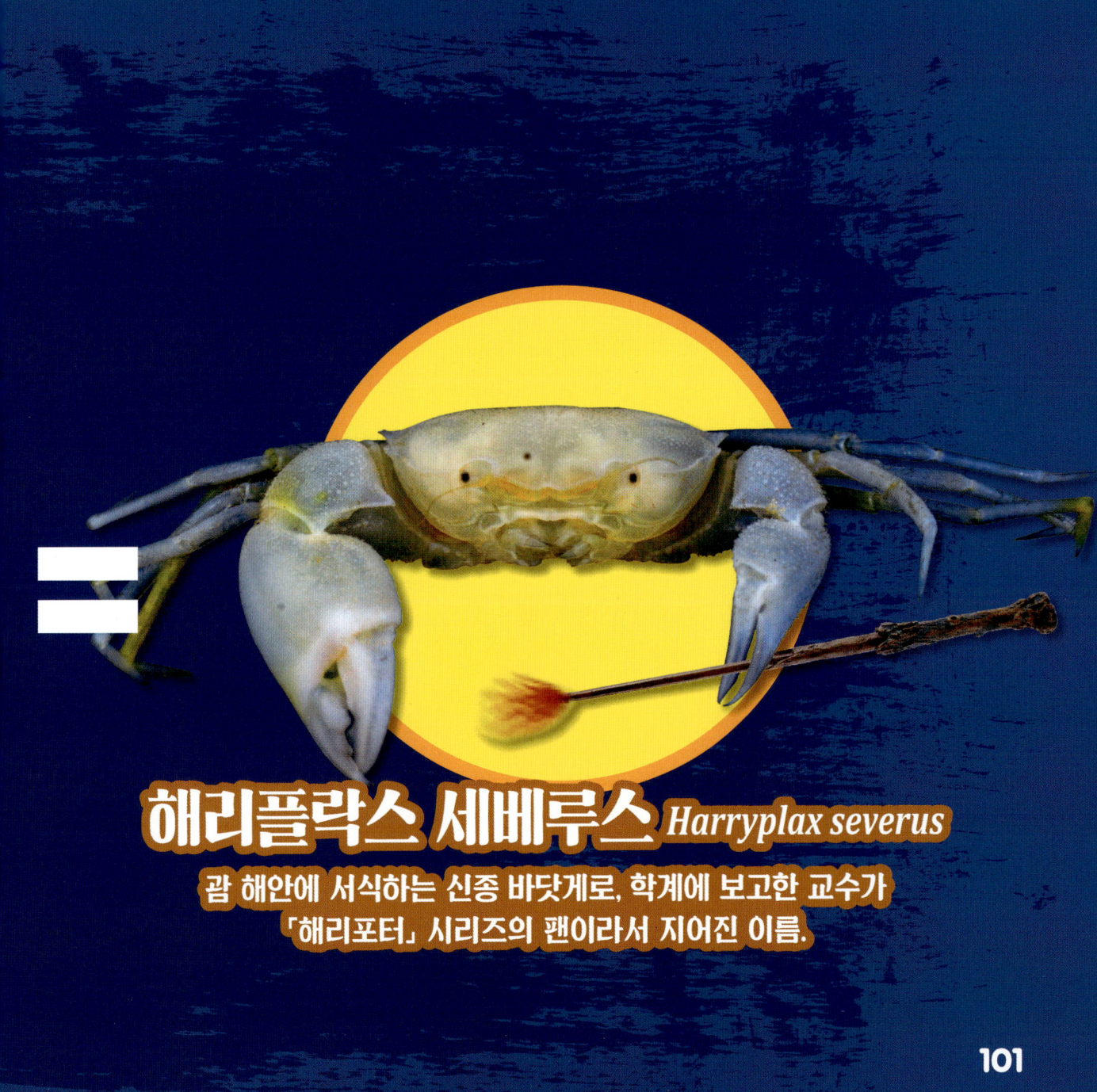

해리플락스 세베루스 *Harryplax severus*

괌 해안에 서식하는 신종 바닷게로, 학계에 보고한 교수가 「해리포터」 시리즈의 팬이라서 지어진 이름.

고양이가 아주 많이 사는 일본의 오노미치시는 고양이의 눈으로 본대로 온라인 거리 지도를 만들었어. 우리가 보는 지도랑 어떻게 다를까?

코끼리는 **개미가 붙은 잎사귀**를 먹지 않아. 왜냐고? **개미**들이 **코를 간지럽히기** 때문이지.

미국의 북쪽에는 클라크잣까마귀라고 불리는 **작은 새**가 살아. 이 새는 추운 겨울을 나기 위해 약 **100,000개**의 씨앗을 **저장해**.

잎문착이라는 사슴은 **커다란 잎사귀에 몸이 감싸질 만큼 작아서** 사냥꾼들이 붙여 준 이름이야.

갑오징어에게 **빛을 비추면 눈동자가 W 모양**이 돼.

세계에서 가장 큰 뻐꾸기시계가 어디에 있게?
바로 독일이야. 그 시계 안에 있는 뻐꾸기는
길이가 약 4.5미터, 무게가 150킬로그램이나 된단다.

미국 대통령 시어도어 루즈벨트는 대학 시절에

민달팽이 입을 본 적 있니?
이빨이 무척 많아.
얼마나 많냐고?
상어보다 더!

달팽이, 소라 등의 동물 입속에 있는 이빨 같은 기관은 치설이라고 부른다.

베트남이끼개구리의 피부와 눈 색깔은 자기가 사는 **이끼 색깔과** 같아져.

민물에 사는 어떤 **거머리**는 쫄쫄 굶으면서 **10개월** 동안 살 수 있어.

1800년대 중후반 영국에서는 **고슴도치**를 키워 바퀴벌레와 집게벌레를 잡아 먹게 했어.

수컷 타조는 **으르렁** 댈 수 있어.

미국의 어느 발명가는 **타조**에서 힌트를 얻어 보폭 5미터, 시속 40킬로미터로 달릴 수 있는 생체 공학 부츠를 발명했어.

뉴기니섬에 사는 노래하는 개들은 **요들송으로 의사소통을 해요**를레이히.

이집트과일박쥐는 혀가 엄청 길어. 모이를 목 안쪽에 쑤셔 넣고 씹어야만 혀를 옆쪽에 뒤집어 둬.

수컷 **카멜레온**에게 **거울**을 비추면 **몸의 색깔을 바꿔**. 거울 속 카멜레온을 **경쟁자**라고 생각하거든.

민물에 사는 **히드라**는 자기 몸집보다 더 크게 **입을 쩍쩍** 벌릴 수 있어.

111

판다
목구멍에는 단단한 막이 있어. 그래서 **대나무**에 푹 찔려도 상처가 나지 않지.

아이들에게 **인기가 많은**
대왕판다는
검은색과 흰색
털로 뒤덮여
하얀 눈 속에서도,
컴컴한 숲속에서도 잘 숨어.
알고 보니
숨바꼭질 선수잖아!

체코를 상징하는 동물은

꼬리가 두 개 달린 사자야.

달팽이 피는 푸릇푸릇 녹색이야.

고양이 앞다리에는 수염이 삐죽삐죽 나 있어.

미얀마의 어느 시장에서 팔린 호박 조각에 **9900만 년 된 공룡의 꼬리가** 들어 있었다지 뭐야.

호박: 오랜 옛날 나무 진액 등이 굳어서 만들어진 보석.

돼지 **피그카소**^{Pigcasso}를 소개합니다!
몸무게가 약 600킬로그램이 넘는 **남아프리카 공화국** 출신 화가랍니다. 입에 붓을 물고서 캔버스에 근사한 그림을 그리죠.

끼익!

영어로 새끼 비둘기를 스퀴커^{squeaker}라고 해. '끼익거린다'는 뜻이야.

물고기가 헤엄을 못 친다고? **씬벵이**는 지느러미로 땅을 박차서 떠오른 뒤 **아가미**에서 물을 쏘아 앞으로 나가. 수영이라기보다 통통 튀는 것처럼 보일걸!

오랜 옛날 멕시코 지역에 살았던 아즈텍족은 딱딱한 등딱지로 덮힌 아르마딜로를 '거북이토끼'라고 불렀어.

레게나 잔잔한 록 같은 **음악**을 들으면 개가 안정을 느껴.

레게: 1960년대 자메이카에서 만들어진 남아메리카 특유의 음악 양식.

가만 앉아 있던 **고양이가** 점프하면 한순간에 자기 키의 아홉 배 높이까지 뛰어오를 수 있어.

청바지를 입으면 방울뱀이 물어도 독이 3분의 1밖에 침투하지 못해.

물꿩의 한 종류인 아프리카자카나 수컷은 **새끼**를 **날개** 밑에 끼고 다녀.

어머나 세상에! 바다거북의 알이 따뜻한 모래에 있다가 부화하면 암컷이 태어날 가능성이 높대.

악어, 바다거북, 도마뱀 등 몇몇 파충류는 부화할 때의 온도에 따라 성별이 결정된다.

마다가스카르에 사는 **도마뱀붙이**는 천적이 다가오면 비늘과 피부를 모두 떼어 내고 도망치기도 해..

오소리들은 하룻밤에 지렁이를 200마리나 잡아먹어.

잉어는 아마가 물에서 쉬고 있을 때 가까이 다가가 이빨을 닦아 주기도 해! 치카치카 부드득부드득, 아마는 좋겠지?

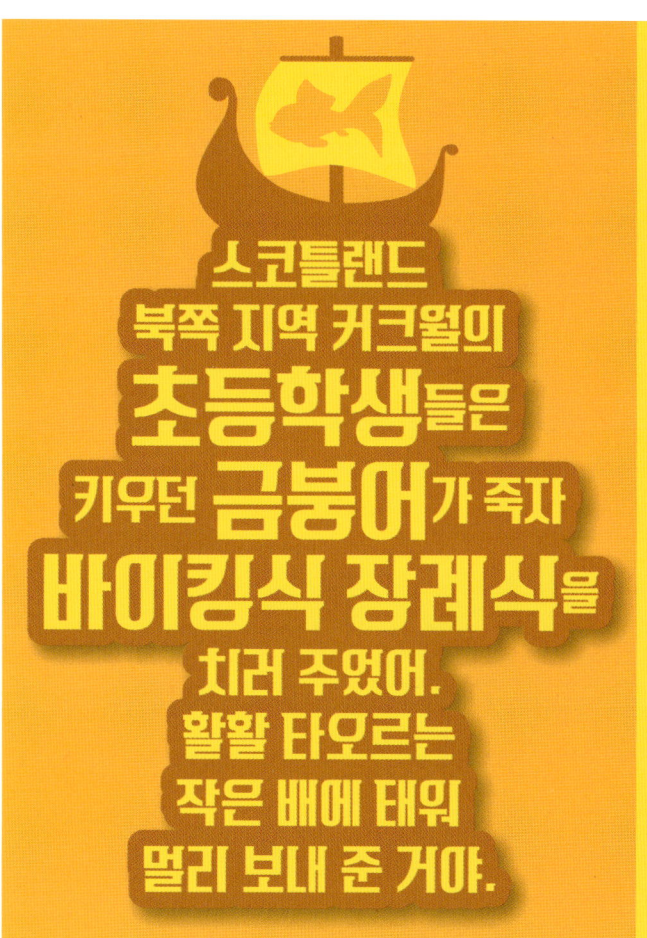

스코틀랜드 북쪽 지역 커크월의 **초등학생**들은 키우던 **금붕어**가 죽자 **바이킹식 장례식**을 치러 주었어. 활활 타오르는 작은 배에 태워 멀리 보내 준 거야.

모기는 일반적으로 **섭씨 10도 이하**의 추운 곳에서는 **물지 않아!**

미국 알래스카에는 '**치킨**'이라는 이름의 **마을**이 있어.

눈표범은 한 번에 최대 **15미터**까지 멀리 뛸 수 있어.

특종! 북태평양산 왕연어

1985년 미국 알래스카에서 잡힘.

5학년 초등학생의 평균 몸무게보다 무거운 **44킬로그램 이상!**

갈라파고스붉은게는 발이 아주 재빨라. 앞으로도, 뒤로도, 옆으로도 뽈뽈뽈 자유롭게 갈 수 있단다.

독수리는 날씬하고 용맹해서 **스포츠 팀 이름**에 흔하게 쓰여.

아프리카 야생의 **큰꿀잡이새**는 짹짹짹, 퍼드덕퍼드덕 요란하게 움직이면서 벌꿀을 모으러 온 사람들을 **벌집으로 안내해.**

미국의 **조지 워싱턴** 대통령은 동물을 무척 좋아했어. **당나귀**까지 길렀다니까.

아프리카 우간다에 사는 **몽구스**는 살금살금 **혹멧돼지**의 등에 올라타서 **진드기**를 잡아먹어.

우는긴털아르마딜로는 적의 공격을 받으면 꽥꽥 비명을 질러서 붙은 이름이야.

아이슬란드에는 크리스마스가 되면 아이들에게 새 옷을 선물해. 전설의 **'율라드의 고양이'**가 크리스마스까지 새 옷을 선물받지 못한 **어린이를 잡아먹는다는 이야기**가 전해지기 때문이야.

율라드: 아이슬란드 전설에 나오는 장난꾸러기 산타.

부채게는 **집게발**로 **말미잘**을 들고 다니다가 위협을 받으면 **찰랑찰랑 흔들어.**

새끼 기린은 태어난 지 한 시간 만에 **뛸 수** 있어.

이 건물은 태국 방콕에 있는 창 빌딩이야. '창'은 태국어로 코끼리라는 뜻인데, 실제로 코끼리를 닮았어.

전 세계에는 약 **40,000**종의 달팽이와 민달팽이가 있어.

영국 런던에 문을 연 팝업 식당에는 개에게 **해초**와 **케일**로 **요리한 메뉴**를 선보였어. 몸에 엄청 좋겠지?

고래상어는 최대 18미터까지 자라지만 갓 태어났을 때에는 40~60센티미터밖에 되지 않아.

미국의 몇몇 동물원과 수족관에서는 SNS로 **세상에서 가장 귀여운 새끼 동물**을 뽑는 이벤트를 열었어.

SNS: 인터넷으로 이용자들이 소통하고 정보를 공유할 수 있는 서비스.

모기의 애벌레는 '**장구벌레**'야.

애벌레: 알에서 나와 다 자라지 않은 새끼 벌레.

에이브러햄 링컨의 말썽꾸러기 아들들은 링컨이 키우는 염소에게 식탁 의자를 연결하여 백악관을 돌아다녔어.

'가짜 독사'라고 불리는 이 뱀은 위협을 받으면 눈동자를 세로 모양으로 바꾸어서 진짜 독사 흉내를 내.

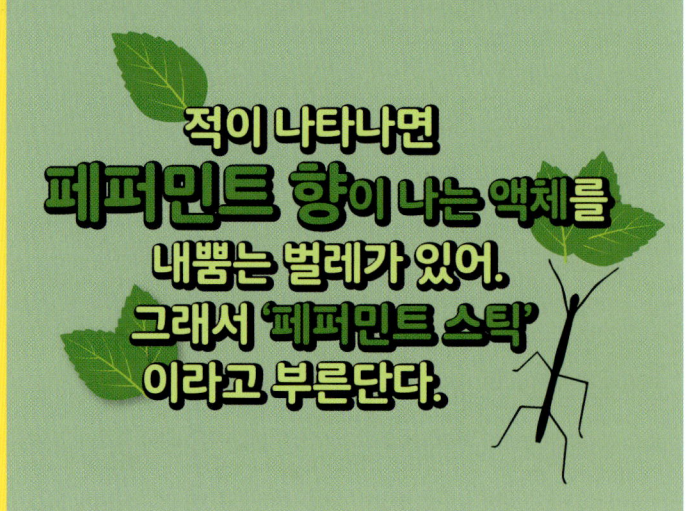

적이 나타나면 페퍼민트 향이 나는 액체를 내뿜는 벌레가 있어. 그래서 '페퍼민트 스틱'이라고 부른단다.

딸기를 닮은 이 **오징어**는 양쪽 눈이 서로 다르게 생겼어. **큰 눈**은 위를 향해 빛을 모으고, **작은 눈**은 아래를 향해 먹이를 찾아.

카라칼은 아시아와 아프리카에 주로 사는 고양잇과야.

3미터 높이를 **훌쩍** 뛰어오르는 높이뛰기 선수지.

드릴원숭이의 스마일!

드릴원숭이는 다른 원숭이를 만날 때 차분해 보이기 위해 부드러운 미소를 지어.

가장 느린 동물 중 하나인 **바나나 민달팽이**는 1분당 최대 **16.5센티미터** 정도 기어가.

쥐는 맛이 고약한 물을 먹으면 고개를 절레절레 저어.

먹장어는 단단한 뼈가 없어.

주름얼굴박쥐는 잠을 잘 때 얼굴 주름을 위로 당겨서 마스크처럼 덮어.

과학자들은 새우 껍질로 자연에서 분해되는 비닐봉지를 만들고 있어.

필리핀 팔라완섬의 한 **어부**가 대왕조개에서 **34킬로그램** 짜리 **진주를 찾아냈어.** 그건 커다란 **불독**만 했는데 우리 돈으로 천 억이 넘었단다.

미국 버지니아주에 사는 한 여성이 노란색 아나콘다를 발견했어. 바로 자기 집 화장실에서 말이야!

오스트레일리아의 가시도마뱀은 물을 '마시지' 않고 젖은 모래의 수분을 피부로 흡수해.

혹등고래가 대화를 한다고?

혹등고래는 물 위로 뛰어올라 물을 내려치곤 해.

지느러미로 찰싹찰싹

이건 멀리 있는 친구와 대화를 나누는 거야.

개구리의 혀는 사람보다 10배 정도 더 말랑말랑 해. 뇌를 만졌을 때의 느낌과 비슷할걸.

굴은 수컷이었다가 자라면 암컷이 돼.

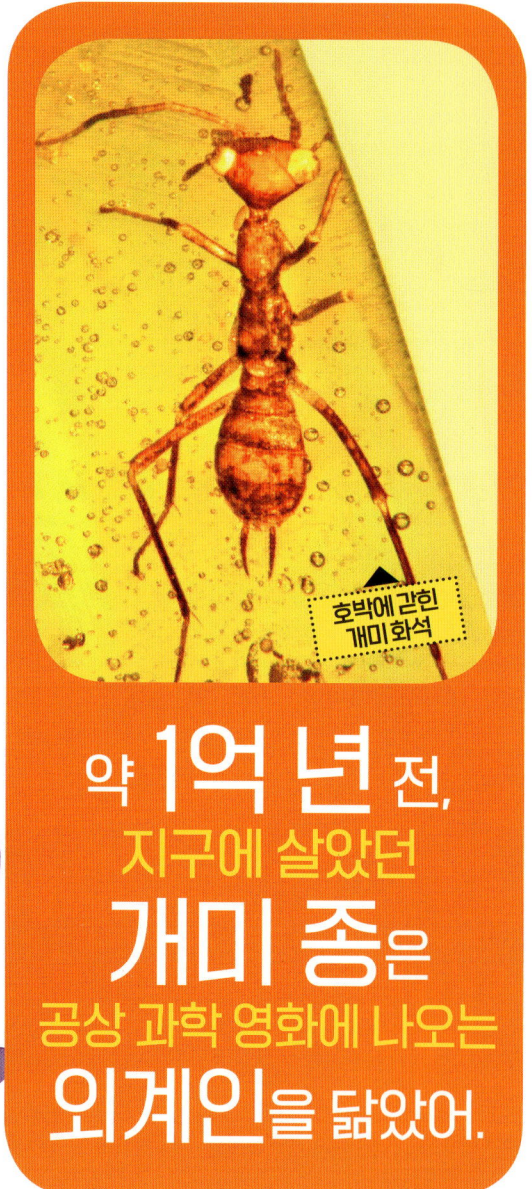

▲ 호박에 갇힌 개미 화석

약 **1억 년** 전, 지구에 살았던 **개미 종**은 공상 과학 영화에 나오는 **외계인**을 닮았어.

염소는 '매애애' 하고 울 때 사람처럼 **억양**을 다르게 할 수 있어.

미국에서는 매년 6월이면 '전국 염소 바로 알기 주간' 행사가 열려.

쥐의 한 종류인 파카는 고기가 아주 맛있어. 영국 엘리자베스 2세 여왕이 1985년에 벨리즈에 방문했을 때 먹어서 '왕실의 쥐'라는 별명이 붙었지.

벨리즈: 중앙아메리카에 있는 나라.

도치는 배에 있는 **빨판**으로 미끈미끈한 **해조류**에 찰싹 붙어 있을 수 있어.

어떤 반려견은 주인에게 우리 돈 **33억 원**이 넘는 다이아몬드 목걸이를 선물받았어.

물고기는 헤엄칠 때 꼬리지느러미를 좌우로 움직이지만, **돌고래**와 **고래**는 꼬리지느러미를 위아래로 움직여.

돌고래는 도구를 쓰는 새로운 사냥 기술을 다른 돌고래에게 배워.

내 절친이야!

말은 다른 말의 울음소리를 구분할 수 있어.

벌새는 몸을 거꾸로 뒤집어서 날 수 있어.

피라냐는 먹잇감이 부족하면 자기들끼리 잡아먹어.

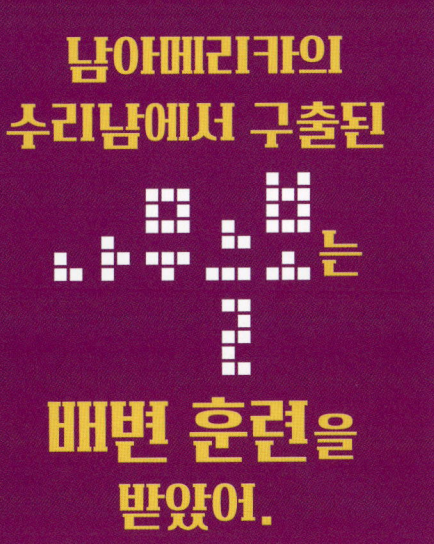

남아메리카의 수리남에서 구출된 나우요는 배변 훈련을 받았어.

일본의 북서쪽 도야마 만에서는 매년 3월부터 6월까지 푸른빛을 내는 매오징어 수백 마리가가 물 위로 올라와. 이 모습은 마치 푸른 별빛이 빛나는 것처럼 보인단다.

미국 플로리다주 팜비치에 사는 **염소 형제**는 작은 보드 위에서 파도를 타는 **패들보드**를 즐겨.

패들보드: 일어서서 노를 저으며 타는 보드. 하와이 원주민들이 타던 통나무배에서 유래하였다.

독수리는 썩은 고기를 먹어도 배탈이 안 나. **위액**이 몸에 해로운 바이러스와 박테리아를 없애 주거든.

흰개미는 대단한 건축가야.
삼층집 높이의 집을 짓기도 한다니까.

남아메리카에는 **눈이 네 개인 개구리**가 살아. 뒤쪽에 있는 눈은 독샘이야. 가짜라고!

민부리고래는 바닷속 **3000미터**까지 내려가 **4시간** 가까이 버틸 수 있어. 잠수왕 인정!

우리나라에서도 강아지용 향수를 팔아.

바위타기영양의 발굽에는 고무 같은 **발바닥살**이 붙어 있는데, **바위틈**을 뛰어다닐 때 미끄러지지 않고 중심을 잘 잡도록 도와줘.

그리스어로 '악어'의 의미는 '돌 같은 벌레'야.

비버는 위협을 느낄 때 꼬리로 수면을 찰싹 때려서 주변에 위험을 알려.

대서양고등어는 백만 개 가량 알을 낳지만 그중에 10퍼센트만 살아남는단다.

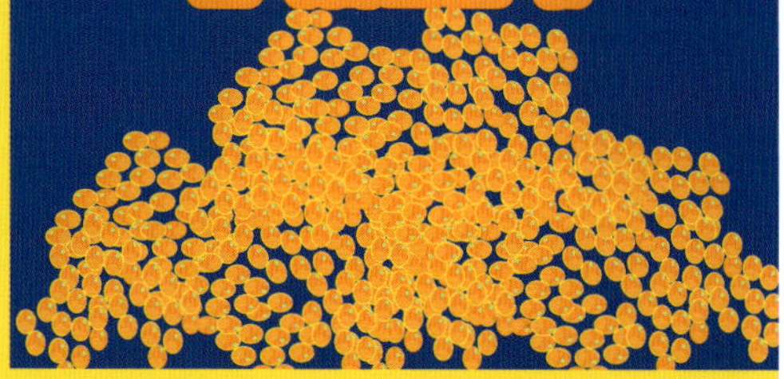

수컷 말코손바닥사슴 뿔은 보청기처럼 소리를 잘 들을 수 있게 도와줘.

중앙아메리카의 바하마에서 구조된 너구리 '펌킨'은 SNS에서 **백만 팔로어**가 있는 인기 동물 스타야.

SNS: 인터넷에서 다른 사람과 교류할 수 있는 사이트.
팔로어: SNS에 올린 콘텐츠를 자동으로 볼 수 있게 신청한 이용자.

날도마뱀은
앞다리와 뒷다리 사이에

야호!

익막: 박쥐, 날다람쥐, 날도마뱀처럼 새가 아니면서 하늘을 날 수 있는 동물의 앞다리, 옆구리, 뒷다리 사이에 있는 얇은 막.

있는 익막을 낙하산처럼 펼쳐서 날아갈 수 있어.

173

풀톤귀뚜라미는 다른 귀뚜라미의 울음소리를 들으면서 **입을 맞추어 울어.**

영화 「프린세스 브라이드」에 나오는 거대한 쥐는 실제로 배우가 쥐 옷을 입고 연기한 거야.

대왕오징어의 **뇌**는 **도넛** 모양이야.

방울뱀은 허물을 벗을 때마다 꼬리 끝에 방울 수가 늘어나.

미국 오하이오주에 있는 어느 회사는 **고슴도치 가시**가 충격을 줄여 주는 것에 아이디어를 얻어 **스포츠 헬멧**을 개발했어요. 이 헬멧을 쓰면 운동선수가 뇌진탕에 걸릴 확률이 낮아져.

피식! 문어가 쏜 **먹물**은 잠시 적의 **눈**을 **멀게** 해.

어떤 핏줄문어는 코코넛 껍질을 이고 바닷속을 돌아다녀.

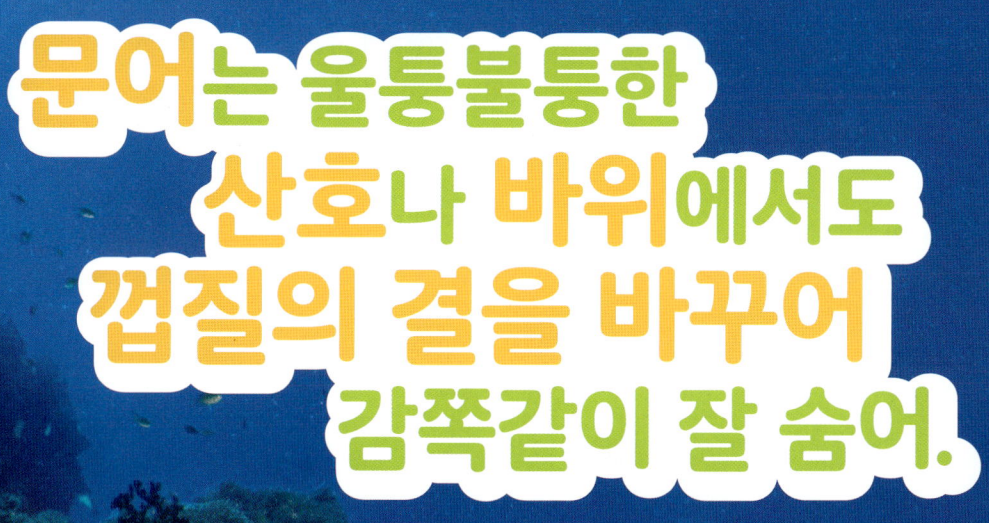

문어는 울퉁불퉁한 산호나 바위에서도 껍질의 결을 바꾸어 감쪽같이 잘 숨어.

그러다가 위험할 때 코코넛 속으로 쏘옥 들어가서 숨지.

레서판다는 앞발가락이 여섯 개여서 미끄러운 대나무도 잘 탈 수 있어.

'**페럿**'은 라틴어로 '**작은 도둑**'을 뜻해. 자꾸 물건을 훔쳐 달아나서 붙은 이름이야.

투탕카멘의 황금 마스크 이마에는 **코브라**와 **독수리** 장식이 있어.

여섯줄긴꼬리 장지뱀의 **꼬리**는 몸길이보다 3배 이상 길어.

웃음물총새는 웃음소리가 원숭이랑 비슷해. 우끼끼끼.

꿀벌은 부웅부웅 날면서 1분에 200번 넘게 날개를 파닥거려.

느림보곰은 **코 속**으로 먼지와 곤충이 못 들어오게 **콧구멍**을 완전히 닫을 수 있어.

느림보곰은 아랫입술이 축 늘어져서 곤충을 후루룩 잘 훑어 먹을 수 있어.

아이슬란드에 사람이 정착하기 전, 북극여우는 그 땅에 살던 유일한 포유류였어.

미국 스미소니언 국립 동물원에서는 대왕판다 바오바오의 세 번째 생일에 얼음, 대나무, 사과주스, 비스킷으로 만든 케이크를 선물했어.

키위새는 부리로 땅속에 벌레가 꿈틀거리는 것을 느낄 수 있어.

지중해의 키프로스섬에는 약 9500년 전에 만들어진 무덤이 있어. 거기서 사람과 고양이가 함께 발견되었어.

북태평양에 사는 학치는 배지느러미 빨판이 엄청나게 강력해. 자기보다 150배 무거운 연체동물이 바닥에 딱 붙어 있어도 빨판으로 떼어 내 잡아먹지.

연체동물: 문어, 오징어처럼 뼈가 없고 몸이 부드러운 동물.

새끼 거북은 '난치'라는 이빨로 알 껍질을 깨고 나왔다가 시간이 지나면 이빨이 사라진다.

그래서 물에 둥둥 떠서 잠을 잘 수 있단다.

어떤 박쥐는 입이 아니라 콧구멍으로 초음파 신호를 보내.

2016년 8월, 말리에서 프랑스로 가는 비행기가 출발하지 못하고 이틀 동안 지연된 일이 있었어. 왜였게?

비행기 안에 쥐가 있었거든. 찍찍!

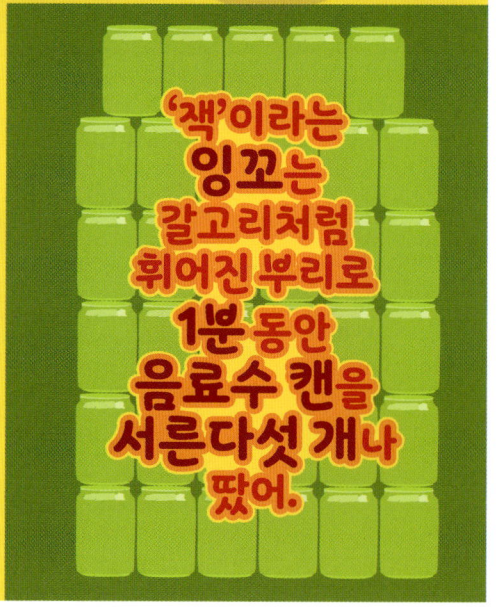

'잭'이라는 잉꼬는 갈고리처럼 휘어진 부리로 1분 동안 음료수 캔을 서른다섯 개나 땄어.

말리: 북아프리카에 있는 나라.

프레리도그는 개와 울음소리가 비슷해서 붙은 이름이야.

거니슨프레리도그는 적이 무엇인지에 따라서 각각 다른 소리를 내.

갈라파고스섬 바다에는 전 세계에서 상어가 가장 많이 살아.
1세곱킬로미터당 85톤 정도가 사는데
해마다 엄청난 수가 사라지고 있어.

유조동물은 먹잇감을 발견하면 **끈끈한 액**을 뿌려 굳힌 다음 잡아먹어.

유조동물: 발톱이 있는 다리가 여러 쌍 있는 무척추동물. 발톱벌레가 대표적이다.

수컷 캥거루는 **'부머'**라고도 해. 높이 뛸 때 '붐붐' 소리가 나기 때문이야.

캐나다 브리티시컬럼비아주에 사는 **흑곰** 중 일부는 **흰 털**이 나기도 해. 일종의 돌연변이인데 세계적인 희귀종이야.

희귀종: 아주 드물어서 귀한 물건이나 품종.

다른 나라에서는 돼지 울음소리를 어떻게 표현할까?
영어: 오잉크 Oink

일본어: ブーブー ブーブー

폴란드어: 첨첨 Chrum Chrum

벌이 윙윙거리는 소리는?

영어: 버즈 Buzz

한국어: 붕붕

독일어: 줌먼 Summen

개구리 울음소리도 알아볼까?

영어: 리빗 Ribbit

이탈리아어: 크라크라 cra cra

헝가리어: 브레케케 bre-ke-ke

기발하고 괴상하고 웃긴 퀴즈 타임!

❶ 작은눈피그미상어는 손바닥 크기야! (힌트 8쪽)   O . X

❷ 낫 도마뱀이라는 별명을 가진 공룡 이름은? (힌트 24쪽)

❸ 넙치는 자라면서 한쪽에 있던 눈이 다른 쪽으로 옮아가. (힌트 38쪽)   O . X

❹ 세계에서 가장 작은 알을 낳는 새는? (힌트 48쪽)

❺ 오스트레일리아는 인구 수보다 캥거루 수가 더 많아. (힌트 52쪽)   O . X

❻ 큰개미핥기는 (   )의 길이가 60센티미터 이상이야. (힌트 98쪽)

❼ 갑오징어에게 빛을 비추면 눈동자가 (   ) 모양이 돼. (힌트 104쪽)

아래의 퀴즈를 풀고,
업그레이드 된 과학 지식을 확인해 보세요.

내 문제도 나왔다!

❽ 민달팽이랑 상어 중에 이빨이 더 많은 동물은? (힌트 108쪽)

❾ 따뜻한 모래에서 부화한 바다거북의 알은 (   )컷이 태어날 확률이 높아. (힌트 121쪽)

❿ 부채게가 평소에 들고 다니다가 적을 만났을 때 흔드는 것은? (힌트 133쪽)

⓫ 필리핀 팔라완섬에서 한 어부가 발견한 거대한 진주의 무게는? (힌트 146쪽)

⓬ 굴은 자라면서 성별이 바뀌어. (힌트 150쪽)   O . X

⓭ 민부리고래는 바닷속 3000미터에서 4시간 가까이 버틸 수 있어. (힌트 165쪽)   O . X

⓮ 레서판다의 앞발가락은 몇 개일까? (힌트 180쪽)

정답 : 1. O / 2. 타르지오사우루스 / 3. O / 4. 넷째 / 5. O / 6. 귀 / 7. W / 8. 민달팽이 / 9. 암 / 10. 큰이집게 / 11. 약 34킬로그램 / 12. O / 13. O / 14. 여섯 개

찾아보기

ㄱ
가물치 93
가시도마뱀 147
가시두더지 49
갈라파고스붉은게 128
갑오징어 104
개 59, 67, 97, 111, 117, 122
개구리 75, 85, 150, 163, 199
개미 97, 150
거니슨프레리도그 193
거머리 109
거미 18, 20, 164
거미불가사리 21
거북 31
거북이토끼 116
검은코뿔소 10
고니 176
고래 154
고래상어 139
고슴도치 109, 177
고양이 35, 84, 114, 117, 132, 152
고양잇과 86, 143
곤충 7, 86
공룡 24, 114
굴 42, 150
금붕어 9, 126
기린 2, 134
까마귀 37
깔따구 7
깡충거미 72
꿀벌 182

ㄴ
나무늘보 25, 157
낙타표범 2
낙타 39
날도마뱀 172
남부메뚜기쥐 37
너구리 169
넙치 38
눈표범 127
느림보곰 183
늘보원숭이 43

ㄷ
다이커 75
달리 122
달팽이 19, 49, 114, 138
닭 22
당나귀 122, 129
대벌레 86
대서양고등어 168
대왕고래 89
대왕오징어 174
대왕조개 146
대왕판다 113
도깨비주머니쥐 14
도도새 68
도르카스가젤 96
도마뱀붙이 80, 123
도치 153
독사 140

독수리 13, 129, 161, 181
돌고래 154
동굴칼새 14
돼지 90, 115, 198
드릴원숭이 144
딱정벌레 18
똥박쥐 28

ㄹ
래브라도리트리버 27
레서판다 180
론스타진드기 60

ㅁ
마타마타거북 61
말 156
말미잘 133
말코손바닥사슴 168
매 79
매오징어 158
먹장어 145
모기 126, 139
몽구스 130
무당벌레 64
문어 78, 180
물고기 44, 154
물수리 73
물총고기 15
미국까마귀 97

민달팽이 108, 138
민부리고래 165

ㅂ

바나나민달팽이 144
바다거북 31, 69, 121
바다대벌레 78
바다이구아나 77
바다코끼리 185
바닷가재 55, 107
바위타기영양 165
박쥐 29, 63, 192
박쥐불가사리 75
박테리아 25
반려견 7
발톱벌레 195
방울뱀 118, 175
백상아리 17
벌 93, 199
벌거숭이두더지쥐 60
벌꿀오소리 12
벌새 48, 157
베트남이끼개구리 15, 109
벼룩 84
부채게 133
북극곰 19, 54
북극여우 185
분홍돌고래 81
불가사리 21
불나방 42

불독개미 80
비둘기 116
비버 66, 168
빨간눈청개구리 66
뻐꾸기 105

ㅅ

사마귀게거미 38
사막거북 91
사자 114
산양 36
살루키 14
살무사 13
상어 108, 194
상자해파리 31
새우 145
샴고양이 96
서아프리카페어 74
성게 61
소 135
쇠똥구리 72
쇠푸른펭귄 19
수달 78
스팽키 122
습지토끼 99
씬벵이 116

ㅇ

아나콘다 146

아르마딜로 116
아메리카독도마뱀 18
아틀라스낮도마뱀붙이 93
아프리카자카나 120
악어 7, 166
암여치 6
애벌레 38
앵무새 125
양 92
엘프올빼미 19
여섯줄긴꼬리장지뱀 181
염소 140, 151, 159, 171
오랑우탄 37
오리너구리 57, 91
오소리 123
오징어 141
올빼미 51
왕연어 128
우는긴털아르마딜로 132
웃음물총새 182
원숭이 30
유조동물 195
이집트과일박쥐 111
일본원숭이 170
잉꼬 192
잉어 123
잎문착 104

ㅈ

자유꼬리박쥐 42

203

작은눈피그미상어 8
잠자리 54
장구벌레 139
전갈 32
전기뱀장어 91
정어리 33
조개 190
주름얼굴박쥐 145
쥐 91, 144, 174, 192
지빠귀 54
진드기 97

ㅊ
천산갑 24
청자고둥 66
초코칩불가사리 56
치타 4
친칠라 26
침팬지 95

ㅋ
카라칼 143
카멜레온 111
캥거루 52, 195
코끼리 46, 102, 136
코끼리거북 45, 107
코브라 181
코뿔바다오리 82
큰개미핥기 98

큰꿀잡이새 129

ㅌ
타조 109, 110
테리지노사우루스 24
토끼풀거미 7
티라노사우루스 렉스 13

ㅍ
파란갯민숭달팽이 54
파충류 56
파카 153
판다 112
페럿 181
펭귄 41
포투 15
표문쥐치 86
프레리도그 193
플라밍고 49
플란넬나방 50
피그미뒤쥐 72, 75
피라냐 157
피파개구리 37
핏줄문어 178

ㅎ
하마 56
하와이짧은꼬리오징어 25

하이에나 93
해파리 55, 86, 103
햄스터 13
호랑꼬리리머 60
호박벌 80
혹등고래 149
혹멧돼지 130
회색바다표범 80
회충 96
흑곰 196
흰개미 162
히드라 111

사진 저작권

MP = Minden Pictures

Cover (hamster), Subbotina Anna/Shutterstock; (cow), Dudarev Mikhail/Shutterstock; (cat), Suzanne Tucker/Shutterstock; (parrot), Neuron Photo/Shutterstock; (dog), Annette Shaff/Shutterstock; (butterfly), Butterfly Hunter/Shutterstock; (frog), BrunoWeltmann/Shutterstock; 2, prapass/Shutterstock; 4–5, Kenneth Geiger/National Geographic Creative; 6, Peter Kirk; 8, Jérôme Mallefet/UCL; 9, Dr. S. Beatty/Murdoch University, Australia; 10–11, Danita Delmont/Shutterstock; 12, Erwin Niemand/Shutterstock; 14, David Tipling/FLPA/MP; 15, Roy Toft/NG Creative; 16–17, wildestanimal/Shutterstock; 18, fivespots/Shutterstock; 21, DeeAnn Cranston/Shutterstock; 22–23, Tony Campbell/Shutterstock; 24, Pete Oxford/MP; 26, Goruppa/Dreamstime; 28–29, Michael Durham/MP/NG Creative; 30, Mark MacEwen/NPL/MP; 31, David Fleetham/Alamy Stock Photo; 32, Arnoud Quanjer/Shutterstock; 34–35, Tolukys/Dreamstime; 36, Vitalfoto/Shutterstock; 39, Kwtdiver/Dreamstime; 40, Javarman/Dreamstime; 42, Pavel Kirillov; 43, Mitsuaki Iwago/MP; 45, Frans Lanting Studio/Alamy Stock Photo; 46–47, Philou1000/Dreamstime; 49, Warner Bros/Courtesy Everett Collection; 51, Rhallam/Dreamstime; 52–53 (back), Ilia Torlin/Shutterstock; 52 (hat), Robyn Mackenzie/Shutterstock; 52 (flag), Melpomene/Shutterstock; 53 (flag), David Carillon/Shutterstock; 53 (glasses), Akos Nagy/Shutterstock; 54, Rob Hainer/Shutterstock; 55, Marty Snyderman; 56, malost/Shutterstock; 58–59, aastock/Shutterstock; 60–61, Frans Lanting/National Geographic Creative; 62 (LE), Pfluegler/Dreamstime; 62 (RT), Alexmax/Dreamstime; 64–65, Protasov AN/Shutterstock; 66, ajt/Shutterstock; 67, Dame-deeso/Dreamstime; 68, AP Photo/Gareth Fuller/PA Wire; 70–71, courtesy Bordalo Team 2017; 73, Bkushner/Dreamstime; 75, Martin Pelanek/Shutterstock; 76–77, Tomas Kotouc/Shutterstock; 78, Alex Mustard/NPL/MP; 79, tea maeklong/Shutterstock; 81, Hiroya Minakuchi/MP; 82–83, Danny Green/NPL/MP; 85, Franco Tempesta; 86, pr2is/Shutterstock; 88–89, Richard Herrmann/MP; 89 (RT), Drozzhina Elena/Shutterstock; 91, Trey Clark/The Peabody Memphis; 92, Polaris/Newscom; 94–95, WorldFoto/Alamy Stock Photo; 96, Susan Schmitz/Shutterstock; 97, Seregraff/Shutterstock; 98, Michel & Christine Denis-Huot/Biosphoto; 100 (LE), Warner Brothers/courtesy Everett Collection; 100 (RT), Warner Bros/Courtesy Everett Collection; 101 (UP), courtesy Dr. Jose Christopher E. Mendoza/Lee Kong Chian Natural History Museum, Singapore; 101 (LO), FeudMoth/Shutterstock; 102 (LO), meirion Matthias/Shutterstock; 104, Stocktrek Images/NG Creative; 105, AP Photo/Hendrik Schmidt; 106, Smileus/Shutterstock; 107 (lobster), Yellowj/Shutterstock; 107 (flag), Mega Pixel/Shutterstock; 107 (RT), Adrian Lubbers; 109 (UP), Chris Mattison/FLPA/MP; 109 (LO), Villiers Steyn/Shutterstock; 110, Keahi Seymour; 111, Rod Williams/NPL/MP; 112, COBRASoft/Shutterstock; 114 (LE), Lukasz Stefanski/Shutterstock; 114 (RT), R.C. Mclellar, Royal Saskatchewan Museum; 115, courtesy Farm Sanctuary South Africa; 116, Artfully Photographer/Shutterstock; 117, Tony Campbell/Shutterstock; 118–119, Stephen Dalton/MP; 120, Tony Heald/NPL/MP; 122, 2016 Brian Gove/Getty Images; 123, Dr. Frank Glaw; 124–125, Bence Mate/NaturePL; 127, Iain D. Williams/Alamy Stock Photo; 128 (UP), courtesy of Soldotna Chamber of Commerce & Visitor Center; 128 (LO), Ben Queensborough/Shutterstock; 129 (UP), Trinacria Photo/Shutterstock; 129 (LO), Daniel Jedzura/Shutterstock; 130–131, Anup Shah/NPL/MP; 133, Colin Marshall/FLPA/MP; 134, Tony Crocetta/Biosphoto/MP; 136–137, John Lander/Alamy Stock Photo; 138, DenisNata/Shutterstock; 139, Elson Aca/WWF-Philippines; 140, Science Source/Getty Images; 141, David Liittschwager/NG Creative; 142–143, Stuart G Porter/Shutterstock; 144, Gallo Images/Getty Images; 147, Uwe Bergwitz/Shutterstock; 148–149, Tomas Kotouc/Shutterstock; 150, Oregon State University; 151, NikkiHoff/Shutterstock; 153, Masayuki Abe/Nature Production/MP; 154–155, Andrea Izzotti/Shutterstock; 156, Zuzule/Shutterstock; 157, Hal Beral/Shutterstock; 158, Nature Picture Library/Getty Images; 159, Lisa Pinder; 160–161, Nature Picture Library/Alamy Stock Photo; 162, Juergen Freund/Alamy Stock Photo; 163, Zigmund Leszczynski/Animals Animals/Earth Scenes/National Geographic Creative; 164, Henrik Larsson/Shutterstock; 165, EcoPrint/Shutterstock; 166–167, underworld/Shutterstock; 169, Supplied by Wenn/Newscom; 170 (swimcap), Ermolaev Alexander/Shutterstock; 170 (monkey), garner/Shutterstock; 172–173, Chien Lee/MP; 175, Ali Iyoob Photography/Shutterstock; 176, All Canada Photos/Alamy Stock Photo; 178–179, MaeManee/Shutterstock; 179 (RT), Mike Veitch/Alamy Stock Photo; 180, Duncan Usher/MP; 181, Takeda Shinichi/Nature Production/MP; 183, Axel Gomille/NPL/MP; 184–185, Warren Metcalf/Shutterstock; 186, AFP/Getty Images; 187, Eric Isselée/Shutterstock; 189, Georgette Douwma/NaturePL; 190–191, RGB Ventures/SuperStock/Alamy Stock Photo; 193, aabeele/Shutterstock; 194, Grant M Henderson/Shutterstock; 196–197, Design Pics Inc/NG Creative; 198, photomaster/Shutterstock; 199 (LE), Dancestrokes/Shutterstock; 199 (RT), JGade/Shutterstock

지은이 **내셔널지오그래픽 키즈**

내셔널지오그래픽 협회는 1888년 설립되어 130년 넘게 우리를 둘러싼 지구를 이해하기 위한 여러 가지 프로젝트를 실행하고 있다. 내셔널지오그래픽 매거진은 매달 28개국과 23개의 언어로 수백만 명의 독자들을 만나고 있으며, 어린이 출판 브랜드인 내셔널지오그래픽 키즈는 과학, 모험, 탐험 콘텐츠를 독보적인 수준의 사진 자료와 함께 제공하고 있다.

옮긴이 **신수진**

한국외국어대학교 영어과를 졸업한 뒤 오랫동안 출판사에서 어린이책 편집자로 일했다. 자연이 아름다운 제주도에 살면서 어린이책을 번역하고, 그림책 창작 교육과 전시 기획을 하고 있다. 그동안 옮긴 책으로는 「내 친구 스누피」 「배드 가이즈」 시리즈와 『많아도 너무 많아!』 『완벽한 크리스마스를 보내는 방법』 『젓가락 짝꿍』 등이 있다.

1판 1쇄 펴냄 - 2021년 7월 26일, 1판 3쇄 펴냄 - 2022년 12월 5일

지은이 내셔널지오그래픽 키즈 **옮긴이** 신수진 **펴낸이** 박상희 **편집장** 전지선 **편집** 이정선 **디자인** 허선정
펴낸곳 (주)비룡소 출판등록 1994. 3. 17.(제16-849호) 홈페이지 www.bir.co.kr
주소 06027 서울시 강남구 도산대로1길 62 강남출판문화센터 4층 전화 영업 02)515-2000 팩스 02)515-2007
편집 02)3443-4318,9 **제품명** 어린이용 반양장 도서 **제조자명** (주)비룡소 **제조국명** 대한민국 **사용연령** 3세 이상

WEIRD BUT TRUE! ANIMALS
Copyright © 2018 National Geographic Partners, LLC.
Korean Edition Copyright © 2021 National Geographic Partners, LLC.
All rights reserved.
NATIONAL GEOGRAPHIC and Yellow Border Design are trademarks of the National Geographic Society, used under license.

이 책의 한국어판 저작권은 National Geographic Partners, LLC.에 있으며, (주)비룡소에서 번역하여 출간하였습니다.
저작권법에 의해 한국 내에서 보호를 받는 저작물이므로 무단 전재와 무단 복제를 금합니다.

ISBN 978-89-491-3203-7 74030 / ISBN 978-89-491-3101-3 (세트)

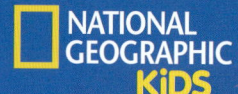

세계 최정상급 생생한 사진으로 떠나는
자연 다큐 백과 시리즈

초등학교 과학 교과서 연계

고화질 자연 다큐 사진과 인포그래픽 120장 이상

생생한 정보, 재미있는 한 줄 상식, 탐험가 인터뷰와 퀴즈까지!

자연 다큐 백과 시리즈 캐리 글리슨 디노 외 지음 · 이한음 외 옮김 | 64쪽 | 13,000원

· 곤충과 거미 · 화산과 지진 · 육식 동물 · 공룡과 화석 · 날씨와 재해 · 상어 · 우주와 별 · 개와 늑대
· 암석과 광물 · 파충류 · 사자와 호랑이 · 수리와 올빼미 · 반려동물 · 돌고래 · 이집트 · 세계의 신화 NEW